박희연 시집

우리는 산벚나무 아래서 만난다

들꽃누리

우리는 산벚나무 아래서 만난다

처음 박은날 : 2002년 10월 20일
처음 펴낸날 : 2002년 10월 30일

지은이 · 박희연
펴낸이 · 김영식
펴낸곳 · 들꽃누리

서울시 광진구 자양2동 605-30 2층
전화 (02)455-6365 · 팩스 (02)455-6366
등록 · 제1-2508호
ⓒ 박희연, 2002

E-mail : draba21@dreamwiz.com
ISBN 89-90286-10-7　　　　　　　값 6,000원

책머리에

내 시집에 스스로 머리글을 쓰려니 남다른 느낌이 듭니다. 첫 시집 『햇빛 잔치』는 은사님이 서문을 써 주셨는데, 이제는 좋든 싫든 내가 써야 한다는 사실을 알게 되었습니다.

그만큼 세월의 흐름에 무감각하고, 한편으로는 지각생으로 살아온 것입니다. 세상살이에서도, 부지런히 앞서서 헤쳐 나가지 못하고 어언 일흔 고개를 바라보게 되었습니다.

꾸준히 한 가지 일에만 마음 쓰고, 곁눈질은 하지는 않았습니다만 재간이 많지 않아 주어진 좁은 길에서 캐고, 닦은 게 빛을 내지 못하는 건 문학에 대한, 인생에 대한 정열이 부족했기 때문입니다.

이번 시집 『우리는 산벚나무 아래서 만난다』는 여러분의 도움을 많이 받았습니다. 해설을 친절하게 써 주신 강민(姜敏)님, 표지 그림을 주신 허은영 교수님, 문학 교실에서 함께 글을 읽고, 공부한 후배들 또한 좋은 글을 보태서 엮었습니다. 책을 펴낸 '들꽃누리'의 김영식님의 고마움도 잊지 않겠습니다.

2002. 가을에
박희연

1 장
아침을 열고

아침을 열고

아침을 깨우는 새소리는
나무와 꽃과 어우러지고
바람과 구름과도 어우러져
온전한 하루를 연다.

그리고 골짜기에 고인 햇살 속에서
웃는 모습으로 기지개를 켜며,
새로운 오늘을 시작한다.

아침의 싱그런 햇살은 우리 곁에서 인정스레 웃으며
조심스레 다가와서 숨을 쉬라 하고,
눈도 뜨게 하고
따뜻한 입김으로 새 생명을 나눈다.

대지에 가득한 기운이 새로운 영혼을 일깨우면,
우리도 가장 자연스러운 몸가짐으로,
가장 행복한 마음가짐으로,
새 아침을 여는 일이다.

아무런 간섭 없이 햇살의 파장에 안기면
몸도 마음도 아늑하고 편안해진다.
그렇게 하루는 또 시작되나 보다.

봄이 오고

봄이 오고
사월이면 씨앗을 뿌린다.
고운 흙을 골라 정성껏 씨앗을 뿌린다
얇은 봄볕이지만 새 생명을 심어 가지런히 싹을 틔우고
우리와 더불어 살게 한다.

나뭇가지에는 벌써 새싹이 돋아나고
풀들은 이미 긴 잠에서 깨어 새 터전에 생명을 심는다.
우리보다 먼저 봄을 맞고,
우리보다 부지런히 일터에서 움직인다.

작고 약한 영혼일수록 먼저 나와
하늘을 우러러 큰 기지개를 켜며
나도 함께 살아가리라는 몸짓을 보인다.

크고 강한 자는 살기 좋은 세상이다.
힘의 논리는 자연의 법칙에서 한 걸음 더 나아가
인간 세상에서도 하나의 법칙을 옮겨 심으려고
이 봄에 싹이 트기를 기다리고 있단다.

오월에

오월은 맑은 하늘로 축복한다.

축복의 오월은
푸른 산과 들, 나무와 꽃을 우리에게 선물하며
언제나 다정한 손을 내밀고 웃음으로 맞아 준다.
맑고 정갈한 새벽 이슬은
아침마다 나무나 풀잎의 얼굴을 닦아 준다.
흐리고 찌든 도시의 하늘빛도 깨끗이 씻어 준다.

찬란한 오월은
맑은 향기로, 시원한 바람으로,
눈이 부시게 고운 하늘로, 부드럽고 담담한 푸르름으로
우리를 축복한다.

마음속 가득 오월로 채워 준다.

봄의 향기

봄은 짧다.
지나가는 계절의 틈바구니에서 잠깐 나타나는
시간의 한 도막이다.

봄이 살짝 비켜 지나간 뒤에야
봄이 왔다 갔음을 알게 되고.

지나쳐 가버린 봄은
저만큼에서 뒤돌아보며 고개를 가로 젓는다.
다시 오겠다는 것인지,
아니면 영영 가겠다는 것인지
그 표정을 읽을 수 없다.

이미 가버린 봄은 옛날처럼 아득하여,
제대로 보지 못한 봄의 참모습이 한쪽으로 치우쳐
반만큼만 보이고 지나간 것이겠거니……

봄인가 했더니 여름이고

어느 결인지 계절이 바뀌어 가을해도 짧아졌으니

이제 흰 머리카락을 흩날리며
떨치고, 지나쳐 간 여름이나 가을을 다시 불러 보나
기억에도 멀어진 옛일이 되고 말았군.
그래도 남아 있는 얇은 햇볕은
우리를 따뜻하게 해 주겠지.

화개(花開) 골짜기

쌍계사 골짜기의 물소리는
밤바람을 타고 너울처럼 일렁인다.

큰 소리는 이내 작아지고
작은 소리는 은은함이 간절하니

새로 돋는 나뭇잎 사이를 지나
봄비로 씻겨진 파아란 녹차밭을 지나

산 위의 구름까지 갔다가
우리가 사는 마을을 지나
섬진강으로 가 몸을 씻는다.

바람결에 밀려온 물소리는
다시 여울을 지나 골짜기를 누비며
밤하늘로 날리는 새로운 노래를 엮는다.

들깨 모종

들깨처럼 작은 씨앗일수록 싹은 부지런히 나온다
한데 어울려 살려면 몸짓이 날쌔야 하고,
이리저리 옮겨도 몸살 않고 살아 남아야 한다.

본래 제자리가 따로 있는 건 아니지만
상추 밭머리나 콩밭 가장자리 아니면,
잡초 우거진 길옆이라도 어렵잖게 뿌리를 내린다.

어린 싹을 옮겨 심고, 비라도 촉촉이 내리면
들깻잎은 맛보다 향이 짙어가고, 상추나 쑥갓,
풋고추와도 궁합을 아주 잘 맞춘다.

쑥개떡 *1*

이로운 먹거리는
우리와 아주 가까이에 있다.
손쉽게 얻으며,
씻고 다듬어 날로 먹거나
익혀서 먹기에도 편하다.

길옆이나 묵밭, 아니면 논두렁 밭두렁에
지천으로 흔한 것이 쑥이다.

쑥은 색깔이나 맛이
우리네 시골 인심을 닮았다.

솥에 쪄서, 절구에 찧으면
서로 섞이고 엉기어 존득쫀득한 떡이 되니

멥쌀이라도 한 줌 넣으면
봄철에 맛볼 수 있는 별미의 쑥개떡.

보릿고개를 넘던 옛날엔
효자 노릇 톡톡히 한 쑥개떡이다.

쫄깃쫄깃 씹히는 맛이나
목구멍을 타고 '꿀떡' 넘어가는 소리까지 정겹다.

쑥개떡 *2*

남녘, 하동 땅에
새 친구 하나 만나
대접받은 쑥개떡.

돈 주고 사서 먹는 건
돈만 있으면 아무나 얻는 것인데

텃밭 양지쪽에서
손수 쑥을 뜯어,

장작불로 찔 때부터
쑥냄새가 진동한다.

따뜻한 차 한 잔에
쑥개떡 너댓 개

행여나 눈물 보일세라
헛웃음 먼저 지었다.

2 장
우리는 산벚나무 아래서 만난다

북한산의 나무들

이름이 무엇인지? 한참을 고민하게 하는 나무들
그 이름 모를 나무들이 모여 하늘을 이고 살아간다.
더러는 같은 종류이고, 더러는 낯선 나무도 한데 어울려
울창한 숲을 이룬다.

북한산의 나무들은 모두 이웃을 닮아 키만 크다.
많은 나무들이 비좁은 공간에서 함께 자라고,
숨도 함께 쉬고, 물도 함께 마시며, 햇빛도 함께 받는다.

눈부신 햇빛은 하늘이 준 은총이다.
숨쉬는 맑은 바람과 시원한 물 또한 고마운 선물이로고.

그러나 키 큰 나무가 먼저 고개를 내밀어 햇빛을 받으면
키 작은 나무는 그늘 속에 묻힌다.
가지 많은 나무가 팔을 벌려 바람을 받으면
가지가 약한 나무는 시원한 바람을 놓치기 일쑤다.

나무는 나무의 본성을 잃고 키만 키운다.

꽃이나 열매는 뒷전이고
날씬한 몸매만 가꾸어 가니……

북한산 나무들은 앞다투어 키를 늘리고 늘려 '하늘을 향해'
힘껏 고개를 든다. 경쟁에서 뒤진 리기다소나무는 더러
잎이 마르고
더러는 힘없이 쓰러진다.

가지가 무성해야 할 나무도, 줄기가 무성해야 할 나무도,
다투어 키만 키우다 보니
거센 바람에 몸이 뒤틀리고, 휘어지고 꺾이고, 뽑힌 채
물기가 말라 간다.

우리는 산벚나무 아래서 만난다
—햇빛농원 나들이—

우리는 개울가에 있는 밭 언덕에서 만나네.
내가 먼저 가면 밭 언덕의 산벚나무 아래서 그를 기다
린다네.

그가 먼저 오면
"지지 배배, 지지이 배배" 하고 노래를 부르며 나를 기
다린다네.

그의 노랫말은 늘 한가로운 유행가
봄엔 사랑을 고백하는 고운 목소리에 아양이 넘치네.

숲이 우거지는 여름에는
이 나무에서 저 나무로 숨바꼭질을 하며, 제법 신나게
놀다가도
무엇이 두려운지 사방을 경계하라고 이르네.

골짜기에서 언덕으로, 큰 나무에서 작은 나무로 오가며
혼자의 놀이가 싫증나면 나를 다시 찾아와 놀곤 하네.

그의 노래는 내가 앉아 있는 산벚나무를 무대로
다정하면서도 곱게 퍼지는 배경 음악이네.

한가한 오후, 나들이 좋아하는 마실꾼이 노래를 청하면
목청 고운 꾀꼬리나 휘파람새도 함께 따라오네.

오늘도 숲 속에서 들리는 고운 목소리
산에서는 산새들하고 친구가 되고,
밭 언덕에 와서는 나하고 친구가 되네.

또 다른 나들이

팔당에서 양수리의 문호리를 거쳐 가면서 북한강의 맑은 물을 굽어보아라.

이 산 저 산의 골짜기를 더듬어 가며 걸러낸 맑디맑은 물.

청평댐은 언제 보아도 시원한 물로 가득하다.

유명산을 거쳐 양평으로 빠지면 남한강이 금방 발 아래로 흐른다.

강 건너 분원마을이 섬 모양으로 떠 있다.

하루에 두 강을 구경할 수 있는 나들이 길이 편하고 즐겁다. 강 이쪽 저쪽에 친구가 있다 하나, 혼자서 조용히 그 곁을 스쳐 지나자

이것이 나들이가 만들어 준 '홀로 서기'의 연습이란다.

수락산 오르기

돌계단, 나무계단을 지나 숲 속을 헤쳐
오를수록 힘들고 가파른 비탈길이지만
바람 시원한 언덕에서는 심호흡을 한다.

왼 다리는 '자음'으로, 오른 다리는 '모음'으로
천천히 글씨를 쓰듯 발걸음을 옮긴다.
그리고 글자가 지워지기 전에 읽어 본다.

봄에서 여름으로, 가을에서 겨울까지
바뀌어 가는 산의 빛깔과, 산의 냄새와,
오가는 산사람들의 인사말까지도 늘 새롭다.

수락의 능선을 따라 천천히 고개를 돌리면
멀리 보이는 도봉과 북한산의 봉우리들이
저 하늘에 닿는 '스카이 라인'으로 이어진다.

큰 나무는

큰 나무는 큰 그늘을 만든다. 햇빛을 받은 만큼 그늘로
가려 준다.

풀잎은 풀잎대로 할 일이 있다. 작은 벌레들의 놀이터이
거나 큰 벌레의 전쟁터가 되기도 한다.

그러나 풀잎은 아무 편도 아니다.

큰 새는 큰집을 짓지만 작은 풀섶은 뒤지지 않는다.

하늘을 스치는 구름도 거센 비바람으로 그 위력을 자랑
하기도 하나

여름날의 뙤약볕을 가려 산과 들에 편안한 안식을 준다.

꽃은 곱고 예쁜 모양과 향기로 이웃을 즐겁게 해 주며,
또 많은 꿀을 준다.

벌은 제 양식을 원하는 만큼 나누어 주는 너그러움이
있다.

땀 흘려 가꾼 채소와 곡식은 벌레가 먼저 맛을 보아야
내 차지가 되나,

내가 줄 수 있는 것이라곤 받은 것의 아주 적은 부분이니
저 나무만큼 저 구름만큼 베풀 수 있는 덕이 왜 없을까.

숲 속의 공원

숲 속의 공원에서는 마음껏 떠들며,
마음껏 놀 수 있는
아이들의 세상이 있다.

숲 속의 공원은 아이들 세상이다.
아이들과 눈 높이가 같다. 바람도 아이들 편이고,
그늘도 아이들의 좋은 놀이터다.
나뭇가지나 풀잎도 아이들의 동무가 된다.

아이들의 눈에는 모든 것이 신기하다.
나뭇잎이나 풀잎의 생김새에서부터
야생화의 색깔이나, 왕개미가 지나는 길,
꼬챙이를 박아 울타리를 만드는 일까지
신기하고 재미있어 한다.

숲 속은 아이들의 놀이터다
몸을 숨겨 주는 큰 나무의 너그러운 품이나
한참을 달려 소리 높이 외칠 언덕 하며,

마음껏 타고 노는 목마 같은 나무 등걸
왕자의 성을 쌓아 주는 돌멩이들은
언제나 아이들의 좋은 놀이 도구다.

풀잎이나 나뭇잎으로 소꿉장난을 한다.
엄마가 되는 아이, 아빠가 되는 아이,
밥을 짓거나 집안 일을 하는 아이, 손님으로
대접 받는 아이, 할머니 역할을 하는 아이도 있다.

혼자 노는 아이는 혼자서도 아주 즐거워한다.
무엇을 하는지 알 수는 없지만
정신을 집중하고 나무 뿌리 밑을 살핀다.
작은 곤충의 집이라도 찾아낸 모양이다.
아니면 며느리발톱이나 쥐오줌나무, 신선초 등의
이름이 놀림감으로 떠오르나 보다

숲 속은 아이들의 호기심 천국이다.
'명상의 길'에서 떠들기가 일쑤요,

'대화의 광장'에서는 오늘도 싸움이 붙었다
아이들은 어른들과는 사뭇 반대다.
덜 익은 도토리도 아주 소중히 간직한다
체육 시설은 놀이터의 일등 공신이다.

아이들이 먹다 남긴 부스러기는
다람쥐나 비둘기, 멧새나 개미의 먹이도 되고
더러는 작은 벌레의 간식거리가 된다.
먹는 것은 먹는 것으로 되돌아가고,
마시는 것은 마시는 것으로 되돌아간다.
숲은 무엇이든지 골고루 나누어 갖는다.

안 개

계절을 앞서서 가는 바람에는
봄도 겨울 속에서 싹트고,
여름은 길거리에 흩어져
여기저기 짧은 그림자를 만든다.

여름의 언저리에서 뿌려 놓았던 안개는
한동안 숨죽인 채 잠잠하더니
강과 계곡 그리고 산자락을 따라
슬금슬금 기어오른다.
그리움이 쌓이면 오늘처럼 하늘로 오른다.

안개가 강을 덮으면 계절은 바뀐다
여름 내내 시달리고 힘겨웠을 강물을
순수한 마음으로,
하얀 입김으로 위로한다.

이제 빈 들은 마른풀이 덮어 주고
골짝이나 산은 가랑잎 신세를 진다.

숫기 좋은 안개는 강물도 덮어 주고,
들이나 골짜기, 앞산까지 말끔히 감싸 준다.

안개는 무겁고 어둔한 몸짓이지만
산이나 강, 그리고 도시의 지붕 위까지
밤새도록 오르내리며 모두 그의 품안에 품고
편안한 하루를 마치도록 돌본다.

산책로

좁은 산책로에서 마주치면
잠시 제자리에 서서 길을 비켜 준다
양보 받은 편한 길에 서서
고맙고 너그러운 상대를 보고
'안녕하세요'나 '건강하시죠'가 보답의 전부다.
'예 안녕하세요'라는 응답이 오늘따라 고맙다
줄곧 앞만 보고 살아왔거나
세월처럼 지친 삶에서 얻은 무표정이
단조로운 산책로를 오간다고 표백될까마는
그래도 홀가분한 마음이 마주치는 길이다.

3 장
마음 편한 것이 좋다

가을에 만나자

가장 아름다운 모습으로
이 가을에 만나사.

잎에서, 꽃에서 열매로,
성숙한 성인으로.

긴 시간, 산고(産苦)의 시련을 겪고
온전한 생명체로 태어나는 너,

자연은 작은 꽃 한 송이에도,
작은 열매 하나에도
정성을 다해 생명을 불어 넣는다.

그리고 아름다운 열매로,
정직한 씨앗으로
이 세상에 나온다.

우리는 이 가을에도

정직한 마음으로
아름다운 인연으로 다시 만나자.

과일 장수

요즘은 가락동 도매상에서 과일을 받아
일년 내내 화물차에 싣고 다니며 판다.

밤이 늦은 시간이면
과일 냄새는 더 멀리까지 풍긴다.

술이라도 한 잔 한 날은
과일 냄새에 고향이 묻어 온다.

빨간 앵두는 누렇게 익어 가는 보리나 밀밭의 물결을,
매실이 푸르면 모심기 철이 되고,
딸기도 이 무렵이던가?

오디나 버찌도, 잘 익은 것을 골라 따는 재미에 곁들여
연한 단맛이 우리의 발걸음을 불러 세웠다.

여름 방학이 시작되면 자두나 살구가 제철이고.
참외나 수박은 흔한 것이 아니었지만

옥수수나 감자는 배불리 먹을 수 있었다.

까만 딸기와 빨간 딸기가 뒤엉킨 골짜기의 한적함도
시골에서만 맛볼 수 있는 '고요'나 '조용'의 표본이다.

덜 익은 복숭아는 가끔 배앓이의 원흉 노릇을 했고
호두 껍질을 벗기면 손바닥에 진한 물이 며칠씩 남는다.

대추가 익으면,
한가위 밝은 달이, 햅쌀로 빚은 송편이,
주머니 속을 채워 주던 알밤하며,
소금물에 삭힌 감의 단맛…… 푸짐한 가을로 접어든다.

모과는 향이 곱고
탱자의 향은 얄밉게 짙다.

도토리가 많이 열리고, 머루 다래가 풍년이면
산짐승도 그 해는 새끼를 많이 데리고 다닌단다.

능금이 빨갛게 익으면 과수원집 딸의 얼굴도 함께 익어
가고
처녀, 총각들은 추수가 끝나기를 손꼽아 기다린다고 했다.

산복숭아나 돌배 맛을 보면 찬 서리가 내리고
긴 겨울이 천천히 시작된다.

이제 곶감이나 홍시가 그 맛을 제대로 보이것다.

처서(處暑)

고개를 들어 하늘과 구름을 보라
아침저녁 스치는 바람을 보라.

산허리를 타고 가는 안개를 보라
떼지어 날아가는 새들의 가슴을 보라.

작고 보잘것없는 버꽃을 보라
마지막 더위로 여무는 곡식을 보라.

세월은 사람을 가르치고,
오가는 계절의 변화까지 일러 준다.

열매 맺기

여름의 태양은
푸른 잎에서 양식을 만들어
열매를 살찌게 한다.

뿌리는 온종일
맑고 시원한 물을 퍼 올리면

잎은 크고, 줄기는 자라
새 생명을 점지하시고,

여름의 태양은
하늘과 땅 기운을 하나로 묶어
이파리마다 골고루 나누어 주고
열매로, 뿌리로 대를 잇고 잇는다.

마른 잎이나 줄기는
다시 자연으로 되돌아가고,

햇볕에 익은 열매는 받은 만큼 베푼다.
생명을 나누는 겸허한 자비심이다.

비와 바람

나뭇잎에 빗방울 듣는 소리는
오솔길에서 만난 바람과 함께
오후의 향연을 베푼다.

주변을 말끔히 정리한
한가하고 조용한 분위기에서
가벼운 음악이 연주된다.

낮게 드리운 안개 장막 속에서
비와 바람소리가 연주하는
가볍고 상쾌한 음악을 듣는다.

앞산 푸른 솔도 조용히 음악을 듣는다.
오솔길에서 만난 비와 바람은
간혹 멋진 합창곡도 준비하고 있다.

마음이 너그러운 바람은
앞산 푸른 솔 곁으로 자리를 옮긴다.

구름도 함께 안내한다.

이제 솔잎에서, 가늘고 긴 억새풀에서
잎이 넓고 큰 도토리나무 잎에서
조용한 멜로디가 새어 나온다.

부지런한 농부

농부는 봄부터 가을까지 부지런히 일을 한다
농사철에는 일하고, 겨울철에는 쉰다.

해가 뜨면 일하고, 해가 지면 쉰다.
밤에는 편안한 단잠이 보약이다.

농부가 가꾸는 논이나 밭은 신성하다
국회보다 신성하고, 장사꾼보다 정직하다.

비와 바람과 햇볕과 농부의 땀은
알찬 열매를 키우니 황금보다 귀하다.

현명한 농부는 오늘 일과, 내일 할 일을 안다
과일도 낱알이 많으면 태풍이 알아서 떨군다나.

그러면 이듬해는 적당히 게으름을 부리면서
해거리라는 휴식을 즐길 줄 안다.

올해의 일을 마무리하고, 거두어들인 곡식은
농부의 마음을 얼마나 채울까.

욕심 없이 살아온 농부는 한 톨의 알곡까지
챙기면서, 까치밥을 남기는 지혜가 놀랍다.

부지런한 농부가 터득한 슬기로운 삶이
우리에게도 훌륭한 교훈으로 남으니……

이제 일상으로 돌아가, 부지런히 살아온
농부의 속마음을 들여다보자.

거실 주인은

주인은 거실의 시간을 오래 독점한다
내가 죽치고 앉아 있으면 내가 주인이고,
남이라도 주인 행세를 하고 지낸다면
그 또한 주인이 되는 것이다.

봄에는 철쭉이나 군자란이 주인 자리에 앉고
여름이면 서양란이 긴 낮 동안 의젓하게
주인 노릇을 아주 잘 한다.
그 옆에는 태극선도 주인과 맞먹는다.

가을이면 정물화 속의 가을 과일이 바구니에 담겨
겨울까지 줄곧 한자리에서 주인이 된다.
사과 껍질도 며칠씩 바구니 옆에 있다 가곤 한다.

올해는 강하(江下)에 있는 친구가
호박을 한 덩이 주어 거실에 놓았더니
제법 의젓하게 주인 행세를 잘 한다.

조선호박은 못생길수록 호박다움이 돋보이니
보는 눈의 차이가 신기할 따름이다.
크기로나 무게로나 여느 과일을 압도하니
부잣집 안주인이나 된 듯 떡 버티고 앉아서
새 주인 노릇을 아주 잘 하고 있다.

마음 편한 것이 좋다

나는 편한 옷이 좋다.
색깔도 수수한 게 좋고, 모양도 평범한 게 좋다.
소매 끝에 너덜너덜 달린 쇠단추는 공연히 거북스럽다.
웃옷의 단추도 두 개면 족하다.

집에서 먹는 밥은 속이 편하다
아내 솜씨 덕분에 반찬 가짓수가 많다.
밭에서 갓 뜯어 온 야채로 이것저것 나물을 만들고,
국이나 찌개도 삼삼하다.
세 끼니를 다 먹어도 속이 편하다.

요즘 나는 미각보다 후각에 신경이 쓰인다
숲 속에서는 나무 냄새가 좋고,
풀밭에서는 풀 향기가 좋다.
야생화의 순한 냄새나, 더덕이나 도라지 냄새도 좋다

그래서 자주 산이나 들을 찾는다
논밭에서 익어 가는 곡식도 제나름의 냄새가 있다

밭두렁길을 걸으면 잘 익은 수박 냄새의 싱싱함이
흙 냄새에 섞여 여름의 더위를 말끔히 잊게 한다.
달콤한 다래는 벌꿀 맛을 옮긴 듯하다.

4 장
바다가 감싸는 것

섬진강 1

섬진강은 천천히 흐른다.
바쁠 것도 뒤 좇을 일도 없단다.

모래톱에 얹힌 사연이
모래알만큼이나 많고 많은 사연이
천천히 씻겨 간다.

세월이 바뀌면 또 다른 사연이
섬진강 물처럼 가득가득 흐르다가
모래알만큼이나 많은 사람들의 이야기를 엮는다.

섬진강은 여느 강보다 많은 모래알을 날랐다.
바위를 부수고, 자갈을 갈고 문질러 모래알로 남았는데
아직도 부대끼는 서로의 마음 같아라.

'백두'에서 '한라'까지 피고 지던 이야기가 하도 많아
강바닥의 모래알만큼이나 많아
섬진강은 그 무게로 천천히 흐른다.

강 이쪽에서 손짓하면
강 저쪽에서 반갑게 인사하는 사람들.

강바람에 실려 보내는 고달픈 세월이
한 겹 두 겹…… 허물을 벗는다.

섬진강 *2*

섬진강
어머니같이 다정하고,
어머니같이 말 없는 이들이
서로가 서로에 기대어 살갑게 살아간다.

소리꾼의 딸도 섬진강에다 목을 씻고 씻어
한스런 한평생을 흘려 보내고,

농사꾼은 농사꾼을 낳아
강 언덕을 오르내리며 한숨짓게 하던 강물,
천년 세월이 무상하구나.

올해도 봄이 오고, 꽃이 피면
구름인가 안개인가가 나직이 깔려
하루에도 한두 번은 강물 위에 입맞춤을 하고 간다.

섬진강, 길고 긴 강줄기는
하늘의 별보다 많은

강바닥의 모래알보다 많은
세상 이야기를 보듬고 흐르누나.

풍경 소리

우리 집 풍경은 다섯 개의 길고 짧은 원통형 파이프와
조개껍질 모양의 바람잡이가 달려 있다.

바람이 소리를 만드는 신기한 풍경을 뒷문 위에 달아
놓고
하루에도 몇 번은 고운 소리를 듣는다.

뒷문을 열면 백운대가 늘 새롭게 보인다.
멀리 스치는 골짜기의 바람이 내 집까지 와 풍경과 어울
린다.

풍경이 바람을 부른 것이다
바람은 틈을 내어 풍경을 찾아와 귀엣말로 속삭인다.

은은한 울림, 그것은 바람이 풍경과 한 약속의 하나다.
보고 싶은 사람을,
그리워하는 사람을 가슴에만 담아 둔다는 언약.

때로는 바람이 풍경을 찾아온다.
한 곳에만 머물면서 그리운 사람을 가슴으로 불러 보리라.

천천히 그리고
목숨이 다할 때까지 외곬으로 너만을 간직하는 정성은
채워지지 않는 아쉬움으로 남는다.

오늘은 은은한 울림에
'뎅그렁' 소리를 더하고 사라진다.
더 참고, 더 기다려 보라고 타이르는 말인가.

학암포(鶴巖浦)의 여름

이른 아침, 밀물이 소리 없이 다가온다
바람이, 물결이, 안개가
짭쪼름한 갯냄새가 소리 없이 몰려온다.
크고 작은 배들도 이리로 온다.
유조선 한 척이 섬 사이로 천천히 지나간다.

조용한 이 시간에 저 밀물의 장한 모습을 또 누가 보고
있을까
내년 여름 다시 이곳에서 밀물을 지켜볼 수 있을까
바다 안개 너머로 거대한 유조선이 천천히 지나가는 아
침을
빈 마음으로 이렇게 서서 볼 수 있을까.

솔밭에 이는 솔바람 소리에 귀 기울이며
소나무 가지에 붙어 있는 솔방울처럼 청정한 마음으로
시원한 저 바다를 굽어볼 수 있을까?

아들딸 함께 와 시중들며,

손자들의 떠드는 소리에 묻혀
아내의 이야기는 뒷전으로 밀리더라도
그저 흐뭇해하는 그와 모래 언덕에 앉아
사리 때의 밀물을 함께 볼 수 있을까.

마냥 즐거워하는 착한 손자들이
언제까지 어린 천사로 남아
할아버지 할머니 곁에서 재롱을 부릴까

바다가 쓸고 간 자리에 발자국을 남기며,
함께 살아온 날을 더듬어 보노라면
바닷물은 어느 새 지나온 시간을 다 쓸어버리고.
모래밭에 남은 건 물결 무늬뿐이다.

바다 위를 스치는 바람처럼
허허한 마음으로 살아갈 수 있을까.

밀 물

밀물이 가득 차면
내 어릴 적 꿈을 띄우리라.

가장 순수했던 젊은 날의 이야기를
곱게 접어 띄우리라.

알게 모르게 눈물 감추던
서글픔도 웃음으로 띄우리라.

끝없이 이어지는 인연을 한데 엮어
만나고 헤어짐의 아름다움도 함께 띄우리라.

살얼음판 같은 세상에서 얻은
비굴함도 이젠 물위에 띄워 보내리라.

마음 한 구석에 부질없이 떠도는
애욕의 그림자도 멀리멀리 띄워 보내리라.

밀물 가득 찬 바다에
내 어리석음을 다 띄워 보내리라.

바다가 감싸는 것

밀물은 어수선하게 널려 있는 일상의 찌꺼기와
묵은 먼지들을 한순간에 다 감싼다.

진흙 뻘이나, 고운 모래로 비단처럼 반짝이는
마을 앞 포구까지 다 물 속으로 유인한다.

하루에 두 번 씩은 채워 준다.
가난한 사람도 바다만 보면 가슴 뿌듯한 게 흐뭇하다.

젊음을 놓쳐 버린 사람도 바다 가득 담긴 물을 보면
금방 손안에 들어오는 큰 꿈을 만진다.

썰 물

물이 빠진 바닷가는 본래의 모습이다
작은 조개나 물고기들의 아우성이 뒤엉킨 전쟁터이거나
모래 속 깊이에서 살아가는 방법을 익히는 놈이 있는가
하면
긴 부리를 저어 가며 숨어 있는 먹이를 찾아내는 놈도
있고
망태기를 옆에 찬 아낙네의 잽싼 손놀림에 말려드는
불쌍한 녀석들도 함께 살아가는 갯벌이다.

한 번 왔다간 되돌아가는 일
정해진 시간에 왔다가 예고된 시간엔 간다
왔다 가는 시간은 늘 있어온 질서다
말끔히 씻겨간 바닷가에는 새로운 물이 들어온다.
더 큰 힘과, 더 많은 물과, 더 새로운 세상을
우리에게 보여주려고
새로운 준비를 하고 기다린다.

해변 시인학교

여름이면 물이 좋다
바람 시원한 숲에서 내려다보는 바나는
그 넓이만으로도 마음이 후련하다.

일상에서 벗어나자.
좁은 도시 생활의 일상에서 벗어나
바람 오가는 길목에 서서 바다의 노래를 들어 보자.

밀려오는 물결은 다시 그 자리로 돌아가니
제자리를 오가는 방황의 연속이다.
인생살이에 이력이 제법 붙을 만하지만
여태 오고 가는 물결로 방황하는 해변의 시인들.

물결 위에 떠도는 작은 새의 날개가 부럽다.
하늘과 바다를 마음대로 오가는
자유의 날개가 시인에게도 허락된다면
올 여름에는 하늘에 솟구쳐 올라도 보고
끝없는 바다 구경이나 실컷 할 수 있을 텐데.

*5*장
순수하다는 것

천사와 공원 *1*

공원의 느티나무는 무성하다. 그늘도 짙고 넓다.
잘 다듬어진 산책로로 아기와 엄마가 지나간다.
느티나무 그늘보다 풍성한 엄마의 사랑이 아기와 함께
걷는다.

눈부시게 밝은 햇살 아래 펼쳐진 넓은 세상이
아기의 눈에는 얼마나 신비할까
처음 본 듯하면서도 낯익은 바깥세상의 많은 사물들이
얼마나 신비할까.

아기의 눈은 천사다.
세상의 두려움은 세상의 것이고, 아기의 몫은 천사의 눈
이요, 천사의 마음이다.
맑고 밝은 웃음이 담긴 천사의 얼굴이다.

천사와 공원 *2*

공원의 벤치에 앉아 있으면
어제보다 더 많은 사람들이 내 앞을 지나간다.

잔디밭을 지나 느티나무 그늘을 지나, 키 큰 메타세쿼이
아 사이의
오솔길에서 넓은 잔디밭으로 빠진다.

할머니의 작은 키만큼 세월을 단축시킨 지팡이가
앞장서서 한 걸음 먼저 가지만
뒤따르는 걸음걸이는 어제보다 힘겹다.

할아버지의 소중한 여름 모자는
이 공원의 역사보다 짙은 그늘을 만들어 준다.

판에 박힌 이야기는 어제 일을 옮긴 듯하고, 남은 이야기나
못다 한 말이 있어야 내일도 이 공원을 지킬 수 있다.

잔디밭을 지나 잡목 숲에 묻힌 꼬마 녀석들은
만화나 게임 이야기로 꽃을 피우겠지.

이야기꽃과 웃음꽃

옛날 옛적의 일이라야 더듬고 더듬어서 끌어낼 맛이 있다
하찮은 일도 깊이 묻어 두면 세월의 때가 묻어,
명품도 되고, 진품도 된다.

유치원이나 국민학교(초등학교) 때의 일은 그렇다 치고
중학교나 고등학교 때의 일은 새록새록 새로워진다.

숙제를 않아 벌 받던 일에서, 청소 시간에 도망친 이야기,
남학생을 보고 웃었다가 놀림감이 된 이야기.
별것도 아닌데 요즘에 와 생각하니 웃음이 터진다.

다 잊혀졌던 지난날의 일이지만
친구들과 머리를 맞대고 이야기하니 웃음으로 바뀐다.

술자리에서는 군대 생활이 단연 인기 1위다.
못 먹고, 매맞던 군대 생활이지만 웃음의 주역으로 당당
하다.

누가 누구를 짝사랑했다거나, 가슴앓이를 한 이야기는
불에 데인 상처로 남아 그 흔적이 아직도 뚜렷하다.

허물없는 친구끼리의 옛얘기는 이렇게 재미가 나니
웃음을 엮어 주는 과거로의 여행이요 즐거움의 보금자리다.

돈을 많이 번 이야기나, IMF 때 부도 맞았다는 이야기는
웃음을 끌어내지 못한다. 어깨가 쑤시고 허리가 아프다는
이야기도 남 듣기 싫은 것이고.

아들딸 자랑이나 남편 자랑은 더더욱 웃음을 자아내지
못한다.
차라리 고달프고 힘겹던 세월이 쌓여야 웃음으로 둔갑한다.

웃음은 누구에게나 공평하다.
아름다운 지난날이 우리 가슴에
소중하게 살아 있으니,
사람 사는 게 다 그렇고 그런 거란다.

순수하다는 것

아이는 아이들의 속마음을 가장 잘 안다.
아이들은 그들의 친구를 한눈에 얼른 알아본다.

아이들은 제 또래의 아이들을 좋아하고,
착한 마음을 읽을 수 있는 밝은 눈이 있다.

그 눈은 마음속 깊이 자리하면서도
착함과 악함, 좋고 싫음, 사랑과 미움을 다 읽는다.

착한 마음은 사랑이 자라는 모습을 느낌으로 안다
그리고 정성으로 가꾸어 간다.

사랑하는 사람들은 사랑의 모양새도 예쁘게 빚는다.
무늬를 입히거나 색칠을 하기도 하면서,

그들은 사랑하는 마음을 읽는다.
아름답게 자라는 사랑의 마음을 함께 읽는다.

현장 체험 학습

시골 아이들은 도시로
도시 아이들은 시골로
유행처럼 현장 학습을 다닌다.

시골 아이들은 도시에 와 놀이 공원엘 가고,
도시 아이들은 고궁이나, 박물관을 거쳐
요즘은 시골로 간다.

봄철에는 돋아나는 새싹을 보고
여름철에는 옥수수를 꺾거나
호미를 두 손으로 잡고 감자를 캐 본다.

가을은 풍성하다.
알밤을 줍기도 하고, 과수원에서 사과 맛을 보거나
주먹만한 고구마를 캐고는 흐뭇해한다.

문화의 체험은 눈으로 보는 것이 백 배나 낫다.
현장 학습의 추억은 관광버스가 만들어 주고,
소풍이나 견학도 현장 학습으로 대신한다.

피아노 연주

피아노 소리는 하얀 비둘기처럼 날아오른다.
가까이에서 맴돌기도 하고
먼 하늘로 날아가기도 한다.

어깨 위에서, 손등에서
비둘기가 떼지어 날아오른다
열 손가락이 부지런히 엮어 내는 황금빛 천 위로
눈부신 햇살을 받으며 차례로 날아오른다.

하얀 비둘기는 춤을 추며 날아오른다.
땅 위에서 나뭇가지 위로,
도시의 공원을 지나,
언덕을 넘어 하늘 속으로 사라지기도 한다.

저 비둘기는 언제 이리로 돌아올까
강가의 넓은 잔디밭이라도 좋고,
황혼이 물드는 도시의 '문화공원'이라도 좋다.
우리의 비둘기가 춤추며, 노래하는 평화의 광장에

날개를 접어라.
이리 와 어깨 위에라도 내려앉아 날개를 접어라.

놀이터의 시소

오래된 아파트 단지이지만
그네, 미끄럼틀, 철봉, 시소 등이
아이들의 놀이 친구다.

꼬마 녀석들은 미끄럼틀에서 자주 놀고,
좀 큰 놈들은 시소를 타고,
열 살쯤 된 아이들은 그네를 띈다.

혼자서도 놀 수 있는 놀이 기구에 매달린
아이들은 늘 혼자서 놀고,
시소에서는 둘이나 셋이서 함께 논다.

때로는 넷이서 함께 시소를 탄다
올라가면 내려가고, 내려가면 올라가는 시소
무게 중심을 옮길 때마다 힘의 균형이 바뀌는
시소의 원리가 재미나는 과학일 게다.

함께 노는 아이들은 늘 함께 하는 친구가 있고,

혼자 노는 아이들은 혼자서 노는 데 익숙하다.
엄마를 기다리는 시간도 놀이의 연장인가 보다.

6 장
상사화

상사화(相思花)

부석사(浮石寺) 뜰 앞으로
천수만의 저녁놀이 곱게 비치네.

천리 만리 뱃길 따라 예까지 왔건만
아리따운 낭자, 인연을 찾지 못하고

애틋한 마음을 허공에 날리다
꽃으로 환생하여 이 자리를 지키네.

잎은 잎대로 한 세상 살다 가고,
꽃은 꽃대로 잎을 못 본 채

올 여름도 긴 줄기에
전설처럼 한 맺힌 꽃을 피우네.

그 임은 어디 계실까.
어디로 가면 만날 수 있을까.

잎이라도 먼저 나와 꽃을 기다릴까
꽃은 잎을 찾아 어디를 헤맬까.

잎은 잎대로, 꽃은 꽃대로
헤어져 살아야 하는 상사화(相思花).

찐 감자

비가 오면 집 안에 갇혀 하루를 보낸다.
무료한 시간이 더 답답하고, 지루하게 느껴
창가를 서성이다 바깥을 내다보면,
굵은 빗줄기는 신이 나서 퍼붓는다.

올해 장마도 게릴라식 집중 호우.
눅눅한 습도는 구석구석 쌓였으나
편할 대로 생각하면, 마음 놓고 쉬는 시간이라.
굵은 감자 몇 알을 깎아 놓고 보니
둥글넓적한 게 퍽도 탐스럽다.

오늘 점심은 찐 감자로 대신한단다.
물김치를 반찬 삼아 고슬고슬 포근포근한 감자를
후후-- 불어 가며 어린애처럼 기뻐한다.
장마도 덕이 있음이라 짜증까지 날리고,
아내와 이마를 맞대고 찐 감자를 먹는다.

산골 노부부가 비탈진 밭에서 힘들여 가꾼

강원도 찰옥수수 두 자루가
네모난 쟁반 위에 가지런히 놓였고
따뜻한 온기가 그 맛을 더하니,
장마철에도 입가심으로는 더운 것이 좋구나.

원추리꽃

진하지도, 엷지도 않은 수수한 색깔로
잎보다 줄기를 뽐내며, 꽃대가 훤칠한 게 좋다.

아침 햇살에 새로 꽃을 피우고
바람 잔잔한 날엔 웃음을 날린다.

내가 원추리꽃 앞에 서면
향기보다 색깔이, 색깔보다 웃음에 늘 눈이 끌린다.

여름에서 가을까지
꽃잎을 차례로 피우면서 남다른 의미로 다가온다.

그리고 달빛보다 부드러운 노란 꽃잎이
언제나 웃음으로 소근거린다.

차 한 잔

짙은 나뭇잎에 가려 잠자듯 고요한 오후에는 차를 달인다
조용한 시간에 나누는 차는 담담한 향이요,
입으로 말하기보다 귀로 듣는 게 참맛이다.

차 향은 얼굴로 오고
풀피리소리처럼 가볍고 순한 색깔은
눈으로 오고,
질감은 손을 타고 온다.

바람소리 물 흐르는 소리는 마음으로 오고
태고의 신비가 깃든 묵직한 소리도 오히려 가볍다.
여러 가지 악기가 어울려 만들어 내는 웅장한 울림도
오후의 고요와 함께 하면 오히려 조용한 가락이 된다.

오늘은 조그마한 찻잔 속에
산도 있고, 강물도 있고,
바람까지 함께 하는 고즈넉한 오후다.

낙서암(落西庵)에서

낙서암에서 보이는 것은 산이요, 하늘과 바다뿐.
이따금 흰 구름이 온 산을 쓸고 간다.

붉고 탐스런 해가 산마루를 넘고
서산 그림자도 조용히 오늘을 마무리한다.

산사의 밤은 시원한 바람이 먼저 오고,
바람 뒤에는 맑고 상쾌한 깨끗함이 구석구석을 골고루
씻고 지나간다.

어둠은 우리 모두를 잠재운다. 하늘도 땅도 조용히 잠을
잔다.
세상에 이는 온갖 번뇌도 잠들게 한다.

먼동이 트고, 맑고 고운 해가 뜬다.
조그마한 깨침이나마 아침해처럼 찾아오려는지.

아침은 풍요롭다.

가진 게 없어도 좋고, 생각이 짧아도 탓할 이 없는 화목
한 공간이요,
주고받는 게 없어도 마음은 늘 넉넉하다.

산사(山寺)의 낙조(落照)는 아침의 황홀함보다 더 장엄
하고, 더 신비하고 더 멋스러워
이름도 '낙서암'이라, 서역 만리까지 보이는 듯하다.

우전차(雨前茶) 만들기

쪽빛 남해의 잔잔한 파도를 보았지.
봄, 꽃잎이 아쉽게 지는 계절
바람은 훈훈하고, 흙 냄새가 뭉클 가슴에 닿으면
남녘의 진한 인정이 고맙기도 하더이.

차 잎을 따느라 손톱 밑에 낀 때가 오히려 자랑스럽군.
연둣빛 새싹이 가슴 위로 피어나고,
담녹색 이파리는 코끝까지 돌아 오르느니.

가마솥에 덖어서 덕석에다 비비면
풋풋한 냄새가 온 뜰 안을 메우고
아직도 훈훈한 감촉이 얼굴 가득 묻어나이.

잠깐 쉬었다가 다시 덖어 낸 잎은
정성스레 비비고 말려서 우전차(雨前茶)로 환생하니
너도 한 통, 나도 한 통 서로들 나눠 가져

오시는 손님 앞에 따뜻한 차 한 잔으로

‘향’과 ‘맛’을 선물하고, 덕담이라도 들으면
지리산 자락에도 넓고 포근한 인정이 감돌리.

솔잎차

일 년 내내
하루도 거르지 않고,
햇볕을 받으면, 햇볕과 놀고,
바람을 맞으면 바람과 함께
산자락을 지키다가,

천수를 다하는 날엔
저 세상에서 무엇으로 다시 태어날까.
멋스런 기품과 푸르른 생명력이
아마도 오래오래 우리 곁에 머무를 법한데

솔잎은 그 모양 그대로인 채
머금은 향까지 다 돌려주고
내 몸 하나 공덕으로 바치리니
나 대신 그대가 내 모습으로 살아 주소.
늘 푸른 마음으로 살아 달라 이르더라.

7 장
그래도 고향은 거기 있단다

그래도 고향은 거기 있단다

설이면 고향으로 간다.
고향으로 가는 발걸음은 바쁘다
고속도로의 체증은 십 년을 지나도 마찬가지고
이십 년을 지나고 새로 고속도로를 만들어도
붐비고 또 붐비기는 마찬가지일 게다.

한식이나 추석 때면 성묘도 하고,
고향의 부모님 뵙고,
차례 모시는 일이 큰 보람이요
자가용에 선물 싣고 용돈까지 마련하면
남의 눈에도 효자 중의 효자다.

봄이면 봄 가뭄으로 애태우시는 부모님
올해는 늦여름 태풍이 집중 호우까지 몰고 와
물난리가 말도 못하게 커졌으니
해마다 한해(旱害) 아니면 풍수해(風水害)라니
누구를 원망하며, 무엇을 탓하랴!

논밭은 말할 것도 없고, 집까지 다 떠내려갔으니
남은 건 한숨뿐……
자연은 본래의 모습으로 되돌아간다 하지만
고향집 묵은 살림이 한순간에 다 떠내려갔으니,
남은 건 농협에 진 빚과 긴 한숨뿐.

아래위를 훑어보아도 남은 건 아무 것도 없지만,
그래도 고향이라고 다시 뿌리를 박아야지
첩첩 산골이라고 어찌 차마 등을 돌리겠는가.
선산이 게 있고, 이웃 사촌도 있으니
나 혼자 툴툴 털고 어디로 간단 말인가.
그래도 고향은 그곳이 아니겠는가

반환점

얼마나 왔을까. 어디만큼 왔을까.
놀고 놀아 반환점을 지나고도
한참을 말없이 왔는데
앞만 보고 왔는데.

산다는 것은 장애물 경기가 아니지
남보다 앞서야 한다는 규정도 없고
제 갈 길을 가면 그만인 거야.

그때까지만 해도 뛸 만한 체력이 늘 충전되고,
여분은 없지만 달릴 만큼의 힘도 있었나 보다.

이제 얼마를 더 가면 결승점일까

하루에 10통 받던 전화가 5통으로 줄고
또 줄어 3통에서 2통으로
“여보, 전화 온 데 없소”
“없나 봐요”

조용한 말소리가 더 조용하다.
"애들한테도" 글쎄요?

하긴 고집이나 집념은 다 버리고,
집착마저도 제자리에 놓고

평균 수명까지 도움 없이 달리려면
홀가분한 차림이어야지.
말년에 남에게 신세지는 것처럼 추한 일도 없으니까.

노후가 편안해야 인생이 행복한 거다
얽히고설킨 인연으로 바람 잘 날이 없다면
몸 고생, 마음 고생이 얼마나 심할까.

땀내 나는 옷은 벗어 던지고
조금은 가벼운 차림으로 달려야지.

함께 달리는 길동무가 있다면 타고난 복이지
세상 사는 보람도 더하고.

지하철역

바쁘다는 핑계로 외면한 채 밀어내는 역무원의 손에서
우대권을 받아 쥐는 내 손은 쑥스럽거나 낯간지럽다.

한두 번은 갈아타야 목적지에 이르는 지하철
오르고 내리고를 몇 번 거듭하다가
한숨 돌릴 겸 의자에 앉아 안경을 닦는다.

안개가 낀 것도 아닌데
바깥 날씨도 꽤 맑았는데……
또 안경을 닦아 쓴다.

숨바꼭질하듯 오르고 내리다가
이번은 외로 돌아, 다시 오르면
숨도 차고 다리도 아프다.

안내판의 주황색 글씨가 흐릿하게 비치니
다시 안경이나 닦아 쓰고
다음 차를 기다리자.

유선 방송

TV 보는 시간이 늘었다.
그냥 켜 놓고 있으면 화면이 알아서 바뀐다.
눈여겨보면, 내 모습이 더러 되살아난다.

어린애를 보면 나도 저러했겠지,
젊은이를 보면 나도 저랬을 것이여.
늙은이가 나오면 눈여겨본다.
사뭇 비교가 되고 내 앞날의 예고편이 된다.

60된 신사의 얼굴이 비치면, 나도 저렇게 단정했었지?
65된 늙은이의 모습을 보면 긴장하고 다시 본다. 아직도
젊고 건강하시네.
70의 노인이 나오면 나도 저렇게 늙었나 하며 씁쓸한
입맛을 다신다.
75의 영감님이 나오면 아주 정정하서. 줄음도 얼마 없는걸.
80의 할아버지가 나오면 10년 뒤의 내 모습을 빌려다
보는 듯하다.
85의 할머니 할아버지들이 나와도 부러운 것은 없다.

삼대가 함께 있으며 따로 하는 이야기

손자 손녀들이 모이면
머리를 맞대고 놀기를 좋아한다.
댄스 그룹의 춤이나 노래
아니면, 만화 영화 주제가에 곁들여
공상 과학 만화나 비밀이 숨어 있는
신비한 미래의 어린이 나라 이야기다.

아들딸들이 모이면
백화점 바겐세일과 할인매장 신상품.
경제에서 시작된 이야기가 정치 사회를 거쳐
dvd니 lcd, ceo, 반도체, 벤처 등
주로 현실적 이야기가 오가다
가정 경제라는 주제로 의견이 모아진다.

할아버지와 할머니는
살아갈 날보다 살아온 날이 길다.
그 긴 이야기가 시작되면
서울을 한 바퀴 돌고, 시골로 내려가

온 산천을 두루 헤매다 다시 서울로 올라온다.
지난날의 추억이 삶의 밑천으로, 해도 해도 끝없는
인생의 무게가 묻어나오는 할머니의 안방이다.

민박집 영감 이야기

다섯 남매를 둔 영감님이 지나는 길손을 맞아
시골 얘기를 나눈다.
전쟁이 한참이던 때 서둘러 혼인을 하고
삼 년도 넘는 군대 생활 마치고 돌아와 보니
살림 밑천이라고 딸 하나 얻었는데, 그 뒤로
아들 둘 딸 둘을 더 두고,
허리 한 번 펼 날 없이 새벽부터 논으로, 밭으로
일 년 열두 달, 피나게 농사지어
근근이 공부도 마치고, 시집 장가 다 보내고 나니
아들놈들은 그놈들대로, 딸들은 딸들대로
서로 부모님 모시려고 온갖 지혜를 다 짜내어 말하기를
논밭부터 정리하고 어서 함께 살잔다.

평생을 시골에 묻혀 살아왔는데,
이제 와서 서울 생활이 편할 리가 있겠는가.
논밭 다 팔아다가 며느리 눈치 보며 살 바엔
차라리 굶어도 내 집이 마음 편해 안 간다 이르니
처음에는 서운타던 아이들이 마음을 고쳐 먹고,

시골집을 헐고 새집을 지었으니.
뜰도 넓고, 방도 많아 명절에도 방 한 칸씩 차지하는데
그것들이 한꺼번에 썰물처럼 빠져나가면,
영감 할멈 둘이서 얼굴만 마주 보고 산다.

남은 방에 민박 손님 받아 정성껏 모시니
해마다 손님이 늘고, 또 찾아 단골까지 있으니
된장찌개나 텃밭의 푸성귀로 입맛 나게 대접하고 나면
세상살이 어떠냐고 누가 먼저 묻던가
"살기는 팍팍하지만, 그저 사람이 좋아서죠"
알 듯, 모를 듯한 대답이다.
이튿날도 영감은 공연히 바쁘다.
시골 인심까지 보이고 싶어서 부지런히 들락거린다.

고 개

돌고 돌아서 오르는 고갯길
한 굽이 돌면 다음 한 굽이가 눈앞에 다가선다.

또 한 굽이 돌아 오르면
새로운 고갯길이 비스듬히 가로막는다.

지나온 길은 산모롱이에 가려 보이지 않으니
뒤돌아보는 어리석음을 깨닫지 못할 때,

앞만 보고 올라도 몇 굽이는 더 남는다고
저 산이 넌지시 일러 준다.

고마운 충고를 되새기며, 고갯마루에 오르면
"안녕히 가십시오"라는 널따란 표지판의 암시가
이미 내리막길을 예비하고 기다린다.

한 굽이 한 굽이 힘들여 올라왔는데
어느새 여기만큼 내려왔네.

하루해는 지루하나, 한 해는 쉬 지나가더라는
친구의 말을 되씹게 한다.

8 장

나는 어디에 있는가

골 목

골목이 시멘트 포장에서 아스팔트로 바뀌면서
엿장수의 가위 소리와, 고물 장수의 "‥‥사요" 소리가
사라졌다.

대신 야채나 과일 장수의 스피커 소리나,
"갈치나 고등어, 오징어가 왔어요" 하는 아주머니의 낭
랑한
목소리가 이 골목 저 골목을 누빈다.

단독 주택은 '다가구'나 '다세대'로 변신하고,
더러는 '원룸'으로 개조하여
서울로 온 사람들이 골목 안에 넘친다.

떠들썩하던 아이들은
컴퓨터 게임이나 학원이 다 몰아 가고
한 줄로 늘어선 자동차들이 골목을 지킨다.

구멍가게도 슈퍼로 간판은 갈아 달았으나

팔고 팔리는 것은 늘 고만고만하고.
가게 밖을 장식하는 제철의 과일들만이
변함없이 그 자리에 있다.

대학 병원

차일피일하다 병을 키웠거나
미처 돌보지 못한 몸뚱이가
여기저기서 반란군처럼 들쑤신다.

허리가 아픈가 하면 무릎이 쑤시고,
귀가 울리는가 하면 눈이 침침하다.

접수처부터 환자와 보호자로 붐비는 병원.
문병 온 사람들도 수없이 오르내린다.

2층부터 15, 6층이던가, 더 높던가
그 많은 병실 중에 빈자리는 없고,
응급실이나 수술실은 늘 초만원이란다.

입원실 얻고, 수술 날짜만이라도 잡히면
한 세상 다시 살아나는 행운의 하나다.

먹고살 만하면 없던 병도 생긴다

성인병이나 도시병도 한몫을 하고,
얼굴 뜯어고치기까지 덩달아 기승을 부린다니.

소아 병동에서, 부인과 병동, 암 병동, 노인 병동…….
성한 사람도 생병이 날 만큼 침울한 분위기이지만

피나 살을 나누어 한 목숨을 살리고,
작은 사랑으로도 한 생명을 건진다니
그래도 아직은 이승이 훨씬 낫단다.

바 둑

한판의 바둑은 이래저래 승부가 있다
정석대로 두었지만 정석으로 응수하지 않아
낭패본 일도 있고, 수를 세고 또 세었지만
자충으로 끝나는 일도 있다.

내가 지고 이기는 것은 내가 아니라 바둑이다
바둑이 아니라, 상대방의 실수다.
열에 아홉은 내 실력이 아니라 상대의 실수다.

기력이 비슷한 친구끼리 바둑판 앞에 앉으면
서로들 자기가 낫다고 우긴다.
좀 못하다고 말하는 친구는 드물다.

이기고 지는 게 다 상대의 실수 덕이다.
내가 묘수를 찾아 상대를 이기기도 하지만
대부분의 경우 지나친 욕심이거나
섣부른 공격이 화를 자초하거나
공연한 고집이 바둑만 망친다.

신중히 생각하면 쉬 해결될 문제도,
한발 물러서는 평범한 지혜가
오늘따라 눈에 보이지 않으니
내 부질없는 욕심이 화를 부른 게로군.

*21*세기는 화려하게 오는가

새 시대가 온다고,
세계화의 물결을 탔다고,
환희와 감격에 싸여
호들갑스럽게도 날뛰더니.

가진 자는 행복하고,
못 가진 자만 불행하게 살 줄 알았는데,
신경제나, 시장 경제 이론대로 될 줄 알았는데
밤을 낮 삼아 부지런히 일하고, 돈만 많이 벌면
불행 끝―, 행복 시작인 줄 알았는데.

풍요가 도리어 삶의 질을 떨어뜨린다니,
가진 게 오히려 불편하게 된다니,
명예와 권세가 인간을 망가뜨린다니,
세계화가 민족의 정체성까지 무너뜨린다니.

부와 권력과 명예 중 어느 것을 선택할 것인가?
하나를 얻으면 다른 하나는 분명 잃는 법인데……

행복 지수(指數)나 삶의 질을 따져보면
사지 선다형보다 훨씬 간결한 답이다.

우리의 선택이 우리의 삶의 방식을 바꾼다.
밤에 일하는 사람은 낮에는 쉬어야 하고,
선진국형 부(富)를 따르려면
마음의 여유나 느긋함은 자연히 희생되어야 한다.

이제, 가진 사람은 더 많이 갖게 되고
갖지 못한 사람은 더 가난해지는 자본주의 사회에서
돈의 노예로, 부유한 노예로 전락하는 사람들.
21세기 지구촌은 재앙부터 몰고 오려나 보다.

나는 어디에 있는가

사람들은 바삐 길을 건너 어디론지 사라진다
자동차는 틈만 생기면 끼어들고, 쏜살같이 달려 나간다.

또 한 무리의 사람들이 길을 건너 다음 거리로 사라진다
늘 북적대는 이 거리는 사람들로 넘쳐 난다.

혹 낙오된 사람은 계단을 힘겹게 오르지만
'에스컬레이터'는 사람들을 뭉떵뭉떵 쏟아 놓는다.

'압구정'이나 '신촌', '홍대앞'은 젊은 사람들로 넘치고
울긋불긋한 새로운 문화가 밤거리를 메운다.

한 골목인가 두 골목을 지나면 '먹자골목'이고
다시 한두 거리를 건너면 '마시자골목'이다.

이제는 '음악'도 집 밖으로 내몰려 길바닥에 쏟아지는
'명동' 거리
'투쟁' 마무리는 자주 이곳에서 만세를 부른다.

나는 지금 어디에서 무엇을 해야 하나.

얻은 것과 잃은 것

산속에 묻혀 살면
산에서 얻는 먹거리가 많고,

강 옆이나 포구에 살면
생선 맛을 자주 본다.

내가 서울에서 산 지 반백 년
눈여겨보면 얻을 것이 많을 법한데

전철 우대권 말고는
별로 신통한 것이 없었는데……

요즘 와서 나들이가 잦다 보니
아는 것만큼 보이는 게 있다.

휴대 전화는 자랑삼아 들고 다니다
"자기야! 지금 뭐해. 어디야?"가 핵심이고

누렇게 물들인 건 그래도 나은데
퍼렇거나, 뻘겋게 무지개색을 하고도
고개를 버젓이 들고 다니니

개성미도 그 나름이지
참신하고 세련되었단다.

하기야 제멋에 사는 세상이라지만
어미 아비 속을 얼마나 썩일까.

속옷인지 잠옷인지
분간하기 어렵게 디자인한 속셈은
정녕, 알다가도 모를 일이고

산발한 머리, 길게 늘어뜨린 머리카락은
난처할 때 얼굴을 가리는 좋은 무기다.

젊은 사람이 전철에서 저토록 졸고 있으니

힘겨운 일로 얼마나 시달릴까.
세상이나 원망을 말아야 할 텐데.

쉼 터

빌딩 숲 사이를 아슬아슬하게 날아가는 재간이 늘었다.
한눈을 팔면 번쩍이는 유리창이 방향 감각을 빼앗고,
상처 난 날개의 깃털을 또 하나 잃어야 한다.

검은 유리창은 빌딩을 치장해 주지만 이곳에서 살아가는
새들에는 외계의 거대한 괴물이자 잔인한 침략자다.

그들은 빌딩 사이에서 이는 매캐한 냄새와 회오리바람
을 타고
곧장 앞으로만 가야 한다. 바람 타기가 서툰 놈은 괴물의
벽에 상처를 입는다.

앞에서 보나 옆에서 보나 빌딩 안은 늘 검은색 불빛만
있다.
누가 무엇을 하는지, 무슨 일이 일어나고 있는지 모를
일이나
내게 궁금한 건 편안한 보금자리가 하나 둘 씩 사라지고,
다시는 옛 모습을 찾을 수 없는 안타까움이다.

지친 날개를 접고 지붕 위에 앉으면 때묻은 문명의 감촉
인가
　시멘트 냄샌가가 발가락을 타고 올라와 온몸이 가렵고
간지러워
　이내 자리를 떠 새 쉼터를 찾는다.

　그래도 공원 안의 몇 그루 나무는 제자리를 지키며, 무
성한 가지로 비바람이나 따가운 볕을 막아 주며
　날개를 접는 쉼터가 된다.

　종일토록 빌딩 숲을 맴돌다 지친 날개와 허기진 몸을
잠시나마 쉴 수 있고,
　이 거리의 가족이 되어 아침 저녁 만나는 것만으로도
내 마음이 기쁘다.
　정말 내 마음이 기쁘다.

9 장
빛은 큰 빛으로

시월 새벽

류시화[*]

1

시월이 왔다
그리고 새벽이 문지방을 넘어와
차가운 손으로 이마를 만진다
언제까지 잠들어 있을 것이냐고
개똥쥐바퀴들이 나무를 흔든다

2

시월이 왔다
여러 해만에
평온한 느낌 같은 것이 안개처럼 감싼다
산모퉁이에선 인부들이 새 무덤을 파고
죽은 자는 아직 도착하지 않았다

3

나는 누구인가
저 서늘한 그늘 속에서

---

*「한국일보」 신춘문예로 등단

어린 동물의 눈처럼 나를 응시하는 것은
무엇인가
어디 그것을 따라가 볼까

4

또다시 시월이 왔다
아무도 침범할 수 없는 침묵이
눈을 감으면 밝아지는
빛이 여기에 있다

5

잎사귀들은 흙 위에 얼굴을 묻고
이슬 얹혀 팽팽해진 거미줄들
한때는 냉정하게 마음을 먹으려고 노력한 적이 있었다
그럴수록 눈물이 많아졌다
이슬 얹힌 거미줄처럼
내 온 존재에 눈물이 가득 걸렸던 적이 있었다

6

시월 새벽, 새 한 마리
가시덤불에 떨어져 죽다
어떤 새는
죽을 때 가시덤불에 몸을 던져
마지막 울음을 토해내고 죽는다지만
이 이름 없는 새는 죽으면서
무슨 울음을 울었을까

7

시월이 왔다
구름들은 빨리 지나가고
곤충들에게는 더 많은 식량이 필요하리라
곧 모든 것이 얼고
나는 얼음에 갇힌 불꽃을 보리라

그대의 사랑노래

윤원희[*]

그대의 비어 있는 마음 한구석을 내 마음이 채워 줄 수
있다면
기꺼이 그대에게 마음의 반쪽을 떼어 안겨 주리오
환하게 다가오는 그대가 나의 얼굴이기에,

그대가 하루의 외로움을 달랠 말벗이 되어주길 바란다면
바쁜 시간을 쪼개 이틀 사흘이라도 다감한 말벗이 되어
주리오
침묵은 고통에 고통을 안겨 주기에,

그대의 아픔이 진정 잠잠해질 수 있다면
간절히 기도하며 진통의 더한 것도 내 아픔으로 감수해
내리오
그대도 사랑 먹으며 자라 가기에,

그대가 하루 분의 빵 한 조각으로 배를 채워 일어설 수
있다면

---

*월간 「문학세계」로 등단

내 자신이 굶어도 그대의 빈 접시에 빵을 채워 주리오
그대도 그 사랑을 나눌 믿음 있기에,

그대가 내 삶의 조그만 부분이라도 필요하다면
아낌없이, 후회 없이 있는 그대로 그에게 건네 주리오
모든 것은 주님의 소유하심이기에,

그대가 밤하늘의 별을 바구니에 가득 담아달라 말한다면
쪽빛사다리를 놓고 꿈속에서라도 아름 따다 그대 품에
안겨 주리오
주님이 사랑하듯 내 마음도 사랑하기에,

바람이 되어

지 웅(智雄)[*]

빨랫줄에 풍경 하나
매달아 놓는다.
바람이 불어와도
흔들지 못해
내가 바람이 되어 흔든다.
뜨락에 더울수록 빛을 토하는
채송화 몇 송이
바나나 노랗게 굽은 허리도
흔들고,
벌써 더불어 부대끼는
다정한 것들과
어느새 눈이 멀어
아득한 그리움까지
모조리 불러 놓고 흔든다.
가슴을 색칠하며
아침놀처럼 퍼지는 풍경들
색(色)을 시비함이 연하니,

---

*「현대시학」으로 등단

온종일 딸랑거려도
제멋에 한가로워
들숨과 날숨 사이를
쉼 없이 굴러가는 마음이여!
구르는 곳마다 아직은
덜컹대지만
덜컹거려도 실로
즐거워
어쩌면 끝내
바람이니까.

외로움은 차라리 환하다

정희성[*]

두어 마리 길짐승이 다녀갔다
뒤이어 태연하게 오후가 다녀갔다

初潮처럼 안개 피어오르다
낯선 이의 철 이른 외투처럼 무겁다

들과 들판 사이 외줄로 시린 뼈마디가 걸려 있다
마흔 넘게 기워 온 목숨이 칼칼하다

사람아, 외로움은 차라리
환하다.

---

*「현대시」로 등단

꽁 치

원재훈*

허름한 생선가게 앞에서
서성거리다
꽁치 두 마리를 산다
무표정하게
무뚝뚝하게 생선가게 아줌마가
꽁치의 머리를 자르고
배를 가르고 내장을 들어낸다
거친 손등이 마치 생선의 등처럼 푸르게 보였다
아줌마는 검은 봉투에 토막 친 생선을 넣어 건네주고
젖은 손으로 받은 나의 지폐를 구겨 넣는다
그 손은 죽은 생선처럼 색을 잃었다
아무런 표정이 없다
조금 무서웠다

배를 가를 때
꽁치는 얼마나 부끄러웠을까
머리를 자를 때

---

*「세계의 문학」으로 등단

꽁치는 얼마나 허전했을까, 꽁치야
토막내고 포장하고 요리하기 전에
너의 삶은 바다보다도 넓었을 것이다

검은 봉지를 들자
봉지에 담겨져 있는 무게가 한없이 가볍기만 해, 나는
찔끔 눈물이 났다
누군가 나를 이렇게 토막내고 배 가르고 해서
검은 봉지에 담아 가는 것 같아
터덜터덜 집으로 돌아가는 것 같아
그게 꼭 사내들의 삶인 것 같아

다음 날, 아침 식탁에 올라온 꽁치를 보고
먼 산만 바라보았다
아내와 딸은 맛있게 먹는다
고마웠다

그날 오후, 나는 바다로 차를 몰았다

장독대가 있던 집

권대웅[*]

햇빛이 강아지처럼 뒹굴다 가곤 했다
구름이 항아리 속을 늘여다보곤 했다
죽어서도 할머니를 사랑했던 할아버지
지붕 위에 쑥부쟁이로 피어 피어
적막한 정오의 마당을 내려다보곤 했다
움직이지 않을 것 같으면서도 조금씩 떠나가던 집
빨랫줄에 걸려 있던 구름들이
저의 옷을 걷어 입고 떠나가고
오후 세 시를 지나
저녁 여섯 시의 골목을 지나
태양이 담벼락에 걸려 있던 햇빛들마저
모두 거두어 가버린 어스름 저녁
그 집은 어디로 갔을까
지붕은, 굴뚝은, 다락방에서 속삭이던 별들과
어머니의 슬픔이 묻은 부엌은
흘러 어느 하늘을 어루만지고 있을까
뒷짐을 지고 할머니가 걸어간 달 속에도

---

*「조선일보」 신춘문예로 등단

장독대가 있었다
달빛에 그리움들이 발효되어 내려올 때마다
장맛 모두 퍼가고 남은 빈 장독처럼
웅웅 내 몸의 적막이 울었다

개 미

이희주*

산을 오르다 잠시 휴식한다
문득 개미 한 마리를 본다
네놈은 어쩌다 이 깊은 산중에 살게 되었더냐
개미는 마냥 두리번거리며 기어 다니기만 한다
기어 다닌다는 것
그러나 개미에게는 그것이 당당한 삶이다
우리가 저 낮은 세상에서
기어 다니지 않으려고 몸부림칠 때
낮과 밤을 무릎 세워
말처럼 질주하고자 할 때
묵묵히 제 길을 찾아 기어가는
개미는 기어가는 것이 아니라
누구보다도 꼿꼿하게
한 생애를 짊어 메고 가는 것이다

---

*「문학과 비평」으로 등단

머물지 않는 길

백상열[*]

흐르는 길 위에 내가 있으니
내 주위로 수많은 아침이
스스로 왔다 스스로 사라지고
수많은 날들이 왔다 간다
싹들은 나무가 되어 흐르고
오늘 하루 나를 스쳐 지난 이들
슬픔이었을까
한 줄기 그리움이었을까
한 곳에 뿌리 내린
씨앗들, 새로 움 틔우고
나뭇잎으로, 나뭇잎 무성한
푸르름으로 흘러가듯이
이제 내 앞에 길 하나
펼쳐져 있으니
그 길 살아 내 앞에서
꿈틀거리고 있으니
나, 깨어 일어나

---

*「문예중앙」으로 등단

걸어가야 하리
별빛 한줌 내 머리 위에
떨어지지 않아도
어두운 밤길 헛디뎌
허방에 빠질지라도
나는 또 무거운 발걸음 떼어
길 나서야 하리

너와 나는 얼마나 떨어져 있나

김홍렬[*]

너는 말한다
뜨거운 태양이 소박한 꿈을 갈기갈기 찢는다고

나는 말한다
태양이 데워 주는 태양열 주택에 관하여

너는 말한다
무서운 물살이 바다의 선잠을 깨운다고

나는 말한다
바다가 순환되면서 플랑크톤이 골고루 순환된다고

너의 삶은 달디달지만 그 달콤함에 취해 너를 알지 못
한다 나의 삶은 쓰디쓰지만 쓴맛을 통해 나를 발견한다

너는 물론 알겠지
빛이 달려가며 일러 주는 사실을

---

*「서울신문」 신춘문예로 등단

빛이 한 곳으로 모여 종이를 태우는 능력을

나는 물론 안다
바람 많은 곳에선 풍차를 돌리고
비가 많은 곳에서는 농사를 짓는다는 것을

너는, 죽으면 슬프고 살면 기쁘다고 말하지만
나는, 죽음의 의미와 삶의 깊이에 대해 이야기한다

너는 늘 넘어지지 않기 위해 조심하지만
나는 넘어졌을 때 일어날 것을 생각한다

자유의 날개 위에서
—박희연 시집 『우리는 산벚나무 아래서 만난다』에 부친다

시인 강 민(姜敏)

　일찍이 내 존경하는 스승 조지훈 선생님께서는 "나라가 흥하려면 시인이 많아지고 또 한 나라가 망하려면 시인이 많아진다"고 쓰신 적이 있다.

　그런데 요즘 유·무명의 시인들이 참 많이도 시집을 내고 있다. 내게 우송되는 시집만도 한 달에 거의 10여 권은 된다. 정성껏 보내 준 책이니 안 읽어 볼 수도 없지 않은가. 어떤 시집은 그 맑고 고운 시심(詩心)이 누구나 공감할 수 있는 표현으로 읽는 이를 즐겁게 한다. 그런가 하면, 안 된 말이지만 아무리 노력해서 읽으려 해도 무엇을 어떻게 노래하려 했는지 도통 알 수가 없다. 난해(?)한 글(시가 아님)들도 많다. 여기서 난해하다고 했지만, 사실 평자들이 말하는 난해시란 얼핏 불가사의한 것 같지만 결국엔 그 시를 쓴 이의 의도가 밝혀지고 무엇인가 공감할 수 있는 감동이 있기 마련이다. 그러므로 결국 무슨 소리를 하고

있는지 모르는 시는 시가 아니라 그냥 모호한 '글씨의 나열로' 보아야 할 것이다.

그렇다면, 읽어도 아무런 감동이 없는 이 많은 시인들은 왜 양산되어 아까운 종이만 허비하고, 읽는 이에게 괴로움만 안겨 주는가. 조지훈 선생이 우려하신 '시인 망국론'이 새삼 떠올라 망연해진다.

첫시집 『햇빛잔치』를 낸 지 10년 만에 대하는 박희연 시인의 두 번째 시집 원고를 읽으면서 역시 이 시인의 과작은 이유가 있었다는 생각이 든다. 그를 만나면 답답할 정도로 말수가 적다. 마찬가지로 시를 대하는 그의 자세도 그렇다. 절제된 시어(詩語) 속에 아름다운 시심이 숨 쉬고 있다. 어려운 시대를 살면서 적극적으로 그 현실에 맞서지 못하는 심약한 지식인의 자탄(自嘆)이 있는가 하면 고된 생활 가운데서 희망을 잃지 않고 소생하는 서민들의 애환이 잘 표현되고 있다. 그런데, 아직 그럴 때는 아닌 것 같은데 황혼의 쓸쓸함도 엿보여 섭섭한 마음 금할 수가 없다.

각설하고, 어떻든 그의 시가 주는 감동은 조지훈 선생과 내가 염려하는 '시인망국론'의 후자가 아니라 전자의 아름다움과 기쁨을 주는 그런 작품이다.

1958년 그의 스승 박두진 시인의 추천으로 문단에 나온 그의 시 정신은 우선 건강하다.

섬진강은 여느 강보다 많은 모래알을 날랐다.
바위를 부수고, 자갈을 갈고 문질러 모래로 남았는데
아직도 부대끼는 서로의 마음 같아라.

'백두'에서 '한라'까지 피고 지던 이야기가 하도 많아
강바닥의 모래알만큼이나 많아
섬진강은 그 무게로 천천히 흐른다.

—'섬진강 1' 부분—

천천히 흐르는 강물을 보면서 민족의 은원(恩怨)을 모두
거기에 담가 두자는 박 시인! 벌써 달관(達觀)의 경지에
이르렀는가. 피 끓던 젊은 시절의 호기보다는 모두를 끌어
안고 위무(慰撫)하는 노경의 잔잔한 마음가짐이 선경(仙
境)에 드는 신선만 같다.

작고 약한 영혼일수록 먼저 나와
하늘을 우러러 큰 기지개를 켜며
나도 함께 살아가리라는 몸짓을 보인다.

—'봄이 오고' 부분—

봄에서 여름으로, 가을에서 겨울까지
바뀌어 가는 산의 빛깔과, 산의 냄새와,

오가는 산사람들의 인사말까지도 늘 새롭다.
―'수락산 오르기' 부분―

공원의 느티나무는 무성하다. 그늘도 짙고 넓다.
잘 다듬어진 산책로로 아기와 엄마가 지나간다.
느티나무 그늘보다 풍성한 엄마의 사랑이 아기와 함께
걷는다.
―'천사와 공원 1' 첫연―

얼핏 눈에 띄는 대로 뽑아 본 자연과 인간의 교감을 읊
은 시들이다. 우선 따뜻하다. 그의 시선이 닿는 자연의 여
러 자태와 색깔이 선명하게 다가오며 그 속에서 움직이는
인간들까지 아름다운 사랑으로 채색되어 투명한 이미지
로 재현되어 있다.
　사실 조금만 깊이 생각해 보면, 인간도 신이 창조한 자
연의 일부가 아니겠는가.

앞만 보고 올라도 몇 굽이는 더 남는다고
저 산이 넌지시 일러 준다.
(중략)
하루해는 지루하나, 한 해는 쉬 지나가더라는
친구의 말을 되씹게 한다.
―'고개' 부분―

바다가 쓸고 간 자리에 발자국을 남기며,
함께 살아온 날을 더듬어 보노라면
바닷물은 어느 새 지나온 시간을 다 쓸어버리고.
모래밭에 남은 건 물결 무늬뿐이다.

—'학암포(鶴巖浦)의 여름' 부분—

쌓인 연륜(年輪)을 생각나게 하는 시다. 고개를 넘으며, 혹은 바닷가에서 느끼는 상념들…. 나는 언젠가 어느 강연에서 인생은 굴곡 많은 선으로 이어지는 험난한 길이다. 거기서 사람들은 필사적으로 평온을, 행복을 찾아 헤맨다. 따지고 보면 그것은 불행의 연속이다. 그러다가 평탄하고 풍설을 막아 주는 안온한 계곡길이나 숲을 지나면 그것을 행복이라고 한다는 요상한 말을 한 적이 있다.

박희연 시인도 '돌고 돌아서 오르는 고갯길 / 한 굽이 돌면 다음 한 굽이가 눈앞에 다가선다'라고 노래하고 있다.

우리가 벌써 여기까지 왔는가. 가을 나무의 흩어지는 낙엽을 보며 감회가 새롭다.

사람들은 바삐 길을 건너 어디론지 사라진다
자동차는 틈만 생기면 끼어들고, 쏜살같이 달려 나간다.
(중략)
이제는 '음악'도 집 밖으로 내몰려 길바닥에 쏟아지는

'명동' 거리
'투쟁' 마무리는 자주 이곳에서 만세를 부른다.

나는 지금 어디에서 무엇을 해야 하나.
—'나는 어디에 있는가' 부분—

밀려오는 물결은 다시 그 자리로 돌아가니
제자리를 오가는 방황의 연속이다.
인생살이에 이력이 제법 붙을 만하지만
여태 오고 가는 물결로 방황하는 해변의 시인들.

물결 위에 떠도는 작은 새의 날개가 부럽다.
하늘과 바다를 마음대로 오가는
자유의 날개가 시인에게도 허락된다면
올 여름에는 하늘에 솟구쳐 올라도 보고
끝없는 바다 구경이나 실컷 할 수 있을 텐데.
—'해변 시인학교' 부분—

　일찍, 젊은 시절 폐허의 명동 거리를 배회하며 전후의
막막한 현실을 한탄하고 어려운 겨레의 처지를 개탄하며
울분을 토하던 생각이 난다. 그곳이 지금은 온갖 사치와
디지털 세대의 알 수 없는 문화의 미로(迷路)로 전락하고

있다.

　그러나 그것만은 아니다. 부정과 불의를 보다 못해, 혹은 불합리한 노동 조건에 항의하다 쫓겨 와 머물러 끝내는 여기서 '투쟁'의 마무리를 하는 곳.

　거기 동참하지 못하고 방관하며 박희연 시인은 답답하다. '나는 어디서 무엇을 해야 하나' '하늘과 바다를 마음대로 오가는 / 자유의 날개가 시인에게도 허락된다면' 얼마나 좋은가. 가로막힌 남북의 철조망도 훌쩍 날아 넘어가 겨레의 성산(聖山)에도 오르고 '바람 시원한 숲에서' 바다도 내려다볼 수 있지 않겠는가. 민족의 안위(安危)를 걱정하는 그의 마음이 안타깝다.

　길옆이나 묵밭, 아니면 논두렁 밭두렁에
　지천으로 흔한 것이 쑥이다.

　쑥은 색깔이나 맛이
　우리네 시골 인심을 닮았다.
—'쑥개떡 1' 부분—

　요즘 나는 미각보다 후각에 신경이 쓰인다
　숲 속에서는 나무 냄새가 좋고,
　풀밭에서는 풀 향기가 좋다.

　　야생화의 순한 냄새나, 더덕이나 도라지 냄새도 좋다
　　　　　　　　　　―‘마음 편한 것이 좋다’ 부분―

　조국의 강산에서 나는 냄새, 얼마나 포근하고 좋은가.
거기엔 조건이 있을 수 없다. 하다못해 두엄 냄새도 향기
롭다. 싱싱한 생명의 냄새다. 그 냄새에 푹 파묻혀 뒹굴면
막혔던 가슴도 트이고 무한한 꿈의 세계가 펼쳐진다.
　어디를 가나 지천으로 흔한 쑥. 그 쑥의 색깔이나 맛은
고향의 인심을 닮았단다. 그렇다 박희연 시인이여! 언제
까지나 우리 여기서 함께 싱싱한 조국 고향 산천의 냄새
를 맡고 뒹굴며 그 그리운 맛에 흠뻑 취하여 보자꾸나.
　끝으로 박 시인의 맑고 고운 시심이 잘 드러난 시 한 편
을 감상하며 이 글을 마친다.

　가장 아름다운 모습으로
　이 가을에 만나자.

　잎에서, 꽃에서 열매로,
　성숙한 성인으로.

　긴 시간, 산고(産苦)의 시련을 겪고
　온전한 생명체로 태어나는 너,

자연은 작은 꽃 한 송이에도,
작은 열매 하나에도
정성을 다해 생명을 불어 넣는다.

그리고 아름다운 열매로,
정직한 씨앗으로
이 세상에 나온다.

우리는 이 가을에도
정직한 마음으로
아름다운 인연으로 다시 만나자.
—'가을에 다시 만나자' 전문—

후기(後記)
—'희망'이라는 이름—

하늘만큼 땅만큼
높고 큰 '장래의 희망'이 있었지
망설이지 않고 답할 수 있는
자신만만한 어리석음이 오히려 당연한 현실인
소년기의 '장래 희망'은 늘 관형어가 붙었다. ····위대
한 아니면, 훌륭한
과학자나, 예술가, 교사, 의사도 그 가운데 한자리를 차
지했었지.

종조부님은 법을 공부하라 하셨고
아버님은 사업가나 관리가 되라 하셨지.
그러나 문학에 홀려 혼자서 고민하고 또 고민하던 나를
발견한 건
철이 들어 이젠 방향을 바꾸기에 너무 늦었다라고 생각
한 뒤였지.

아이는 밤낮을 가리지 않고 보채며 울었고

또 방바닥에 눕기를 싫어하던 큰놈이 채 젖도 떨어지기
전에 둘째가
생기니, 살기 편한 세상도 아니고, 수입을 보장받는 일
터도 아니니
기쁨 반 걱정 반으로 살 수밖에.

아직 보릿고개가 이 땅의 구석구석을 돌고 돌아 청계천
가에다
판잣집을 짓거나 중랑천 둑방에다 '뚝방촌'을 만들고,
천막촌을 옆에 두고 살 때

그래도 우리 아이들은 기성회빈가 사친회비는 면제 받
았지
큰딸은 피아노 공부도 시키고, 막내는 물려 입은 옷이지만
깨끗하고 잘 맞아 예쁜이로 골목 안에서는 다 통했지.

침묵하는 지식인으로,
어깨를 늘어뜨리고 걷다 최루탄 냄새에 묻히면

골목길로 돌아가고 마는 내가 너무나도 서글펐지.

없는 용기가 새삼 거리로 나가 군사 독재 물러가라고
외칠 수도 없고,
민주화에 앞장선 친구들처럼 투사적 기질이 있는 것도
아니고,
효도는 못 할망정 늙으신 어머님 옥바라지시킬 마음은
조금도 없으니
7, 80년대가 훌쩍 지나가더군.

내가 정을 더 주지 못했던 것을 늘 후회한다.
내 앞을 스쳐 지난 젊은이들이 얼마나 많은가
그들 마음속에 심은 것이 무엇으로 자랄까
인간다운 정을 더 줄 수도 있었는데……

—발문을 대신하여—